大展好書　好書大展
品嘗好書　冠群可期

大展好書　好書大展
品嘗好書　冠群可期

太極跤 1

太極防身術

郭愼 著

大展出版社有限公司

國家圖書館出版品預行編目資料

太極跤① 太極防身術/郭 慎 著
——初版，——臺北市，大展，2005〔民94〕
面；21公分，——（太極跤；1）
ISBN 957-468-399-0（平裝）

1.太極拳

528.972   94011451

太極跤① 太極防身術　　ISBN 957-468-399-0

著　　者/郭　慎

責任編輯/中華民國玄牝太極健康導引學會

發 行 人/蔡 森 明

出 版 者/大展出版社有限公司

社　　址/台北市北投區（石牌）致遠一路2段12巷1號

電　　話/（02）28236031‧28236033‧28233123

傳　　眞/（02）28272069

郵政劃撥/01669551

網　　址/www.dah-jaan.com.tw

E－mail/serviec@dah-jaan.com.tw

登 記 證/局版臺業字第2171號

承 印 者/弼聖彩色印刷有限公司

裝　　訂/建鑫印刷裝訂有限公司

排 版 者/弘益電腦排版有限公司

初版1刷/2005年（民94年）8月

定　價/300元

序

一、太極拳爲我中華文化之瑰寶，武林的一門絕藝。能風行全國流傳世界。實由於學習太極拳不僅能保健強身，有助於精神修養，也是一種異常美妙的生活享受。更能防身自衛。

二、太極拳總會於民國六十七年受教育部體育司委託編纂太極拳教材。先以拳架爲主，之後爲求更深入介紹，特再委請太極拳總會整編太極拳之推手、散手與比賽規則等。其中散手就是完全著重在防身自衛，亦即太極拳防身術。所謂散手，非指將拳架折散使用，而其眞正意義乃指「無定型定法」與人交手時在「捨己從人」、「固敵應變」的原則下作出準確有效的「反射」招法。一招即能制服敵人！所謂散手「無定型定法」乃是針對與敵人交手時要隨機應變運用各種招式。武術千門萬派；招式浩如瀚海。僅以拳術一項無法達到制人而不受制於人的目的。必須俱備拳術、摔角與擒拿的綜合武術才能應付裕如。是故本教材將擒拿術、摔角術融入

太極拳防身術之中以增強其威力。

　　三、本教材以技術爲重。鮮作理論之闡述。各種防身技術均本著「簡單方能精練、精練方能實用」的原則編纂。學者在練習時應遵循以下重點：

　　（一）嫻熟精練：武諺「熟能生巧，巧能達用」。任何武術首重熟練，太極拳防身術第一層功夫就是著重在「熟」字上。

　　（二）一專多能：專者指所謂「絕招」。能者指「所有招式」均能嫻熟其攻防要訣，以及護身方法。太極拳防身術包括拳術、摔角術與擒拿術。學者必須依據自己的身體素質與體型，每種技術均須精練幾招絕招。同時更要將所有技術融會貫通綜合運用。

　　（三）系統組合攻、防練習：學者首先將太極拳防身術中之拳術、摔角術、擒拿術分別組合，進行兩人一組，一招一式之攻防練。然後將全部技術綜合起來進行混合招式的練習。如此才能在實戰搏鬥中發揮威力。

　　四、太極拳防身術用法一定要與現代搏鬥觀念技法相結合，才能發揮其功效。正如『中國太極拳與防身術用法』作者陳占奎先生所示：「太極拳防身用法與一般的從理論到理論，從傳統到傳統墨守成規的方法有明顯的區別。因爲脫離當代搏擊的現實，只從理論上和傳統上的「以靜制動」和所謂的「沾連粘隨」、「引進落空」上考慮。實際上是會吃虧的」。必須在新形勢下結

合現實的技法才能發揮太極拳防身術的功效。

　　五、本教材涉及範圍較廣，加之筆者學養有限，錯失之處在所難免，敬請武學界先進惠予指正。

　　　　　　　　　　　　　　　　郭　愼

太極跤①　太極防身術

內容提要

　　凡稱武術、拳法、 防身術、自衛術者，均以制人而不受制於人爲目的。太極拳稱之謂仁道拳、紳仕拳、淑女拳、文化拳、衛生拳、長命拳等，常以養生、健身，以及精神修養爲主。然而太極拳者畢竟是一種武術，而且是一種境界極深奧的武術。而其內容不只是拳打、腳踢的功夫，實乃涵括了所有徒手搏擊技術，如踢、打、摔、拿、點的技術。

　　本教材編撰是以實用爲著眼，一切防身技術，除遵循太極拳傳統特性與技術要領，但不墨守成規，尤其對應自由搏擊，必須有所適應與發展。中國大陸太極拳大師——陳占奎在所著『中國太極拳與防身用法』書中曾指出：「太極拳用於防身技，單靠站樁、練套路（盤架子）、推手的練習是不夠的。必須要練太極散手。必須有計劃、有系統的進行，兩人一組，一招一式的攻防練習和各種組合動作攻防練習，才能提高水平，才能有效防身！練招勢爲入門之階，招勢熟才能用。」太極拳防

身術無一定的型式與方法，一旦與人交手時，必須在所謂捨己從人，因應敵人應變，立即作出反射動作。武術家常言：「不招不架，只是一下！」一下制伏敵人，乾淨俐落，爲太極拳防身術之要求。

　　本教材因應實際需要分爲：一、太極拳與拳術防身術。二、太極拳與摔角防身術。三、太極拳與擒拿防身術等三種。學者皆能將三種太極拳防身術練習純熟，必能發揮太極拳的功效。

目 錄

11

目

錄

太極跤①　太極防身術

一

壹、太極拳防身術之一

（本篇以太極拳技為主，再拮取他種拳術
融合在太極拳防身術中其功效更強）

　　太極拳套路眾多，傳統式有陳式第一路八十動、第二路七十一動。楊式八十五動。吳式八十四動。孫式九十七動。武式九十六動，另有楊式老架一零八勢、楊式大架一一五勢、通臂太極套路二零四勢（楊金寶編撰），以及各家（楊、吳、陳）簡化太極拳套路與中國大陸競賽式套路，更有五絕老人鄭曼青簡易太極拳三十七式等，可說不勝枚舉，但總理太極拳的動作，約三十六勢。太極拳運用千變萬化，可說盡在八法：掤、擺、擠、按、採、挒、肘、靠，與五步：進、退、顧、盼、定十三勢中。

　　以上十三勢在防身自衛運用時，盡遵循太極拳的方法，要訣如：掤在兩臂、擺在掌肘、擠在合手、按在脊心、採在十指、挒在兩肱、肘在屈使、靠在全身、進在得機、退在順勢、顧在左旋、盼在右轉（顧、盼均為步法而非眼法）、定在找空（也可以說定乃攻、防預備勢）。太極拳有關身體四肢在攻、防方面的運用，可以

說手、眼、身、法、步形成一體；亦兼顧肩、肘、腕、胯、膝的發揮，但在手法方面如：砍、劈、挑、撐、砸、截、鈎、擺等以及各種踢法如：踹、踩、側踢、旋踢、後蹬等方法使用較少。太極拳博大精深，且道技並重，體用兼賅，既能融彙各家太極拳之優點，當然亦可及於他種拳法。本教材之編撰以實用為重，因此，融納各家拳術相近之技術以發揚太極拳之功效！茲提供以下太極拳術防身自衛，供愛好者參考：

一、掤的防身用法

1. 單臂掤架迎面掌打臉

甲上右步出右拳攻擊乙之面部，乙以左弓步，左前臂掤架甲之拳，同時出右掌拍打甲面部（如圖一）。

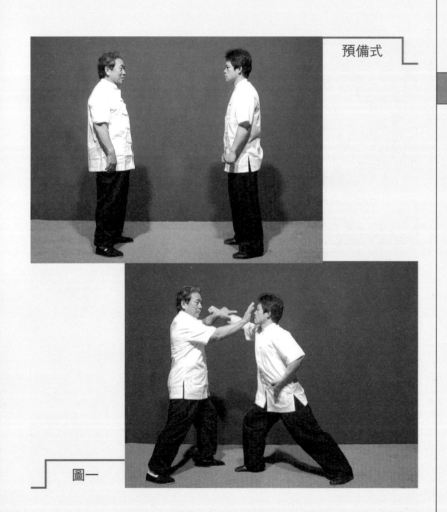

預備式

圖一

15

壹、太極拳防身術之一

2.雙臂掤架戳擊眼睛

甲上右步伸雙手欲抓乙之雙肩或領部，乙雙臂上掤手之雙臂，隨出雙掌猛刺甲之雙眼（如圖二）。

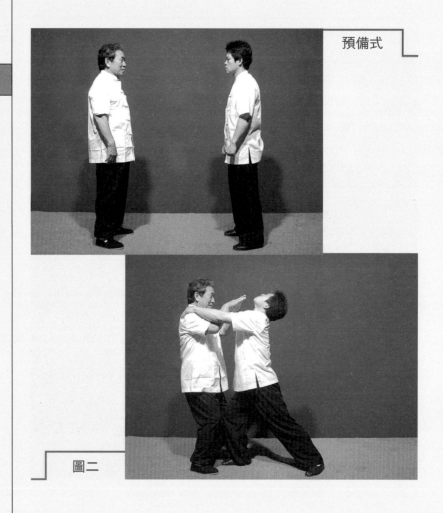

預備式

圖二

3. 雙臂上掤按推胸部

甲上右步伸雙手欲抓乙之領部，乙出雙臂上掤甲之雙臂並以雙掌向上分開甲之雙臂，同時轉手腕抓握甲之雙臂猛烈回帶（如圖三）。

乙繼出雙掌猛烈按推甲之胸或喉部（如圖四）。

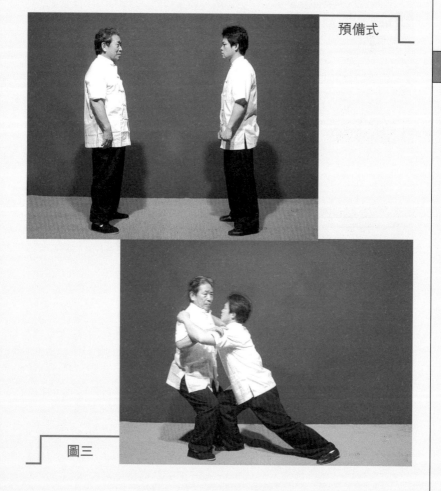

預備式

圖三

圖四 - 1

圖四 - 2

二、擺的防身用法

1. 雙手外擺反掌打臉

甲上右步出右掌或拳劈打乙面或胸，乙左弓步出雙手抓握甲之手臂（左手抓肘關節，右手抓手腕），同時坐腰、落胯向後方猛烈擺帶，俟甲身體重心前移後，急出左掌反掌擊打甲之臉部（如圖五）。

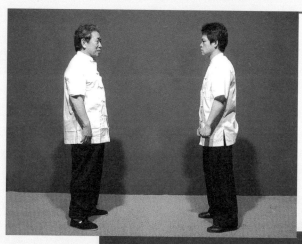

圖五－1

圖五－2

2. 雙手外擺出腳蹬踹襠部

甲上右步出右掌或拳劈打乙面、胸部。乙左閃身左弓步出雙手抓握甲之手臂（左手抓肘關節，右手抓手腕）同時坐腰、落胯，猛烈向後擺帶俟甲身體重心前移後，急出右猛蹬甲之襠部（如圖六）。

圖六－1

圖六－2

3. 雙手內擺橫擊肋骨

甲上右步出拳或掌攻擊乙之面、胸部。乙出雙手抓握甲之手臂（左手抓手腕、右手抓肘關節）同時雙手用力向後拉帶，並左轉體以右肘猛烈擊打甲之肋骨或腹部（如圖七）。

4. 雙手內擺挑打襠部

甲上右步出右拳或掌攻擊乙之面、胸部。乙雙手抓握甲之手臂，同時以手掌挑打甲之襠部（如圖八）。

圖八

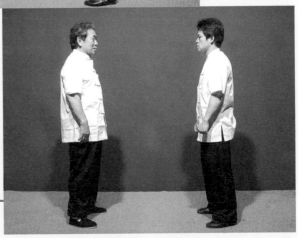

預備式

三、擠的防身用法

1. 掤防擠攻

　　甲上右步以右直拳攻打乙胸、面部。乙以雙掤防開甲之攻擊，繼上步伸右手至左腕處，雙臂合力向前震擠甲之胸部或頸部（如圖九）。

圖九－1

圖九－2

圖九－3

壹、太極拳防身術之一

2. 被擺變擠

乙右臂被甲擺拉帶向前（如圖十）。

乙被擺趁重心向前之際速出另手至被擺手腕處變擠，雙臂合力擠震甲胸部（如圖十一）。

註：此擠乃順勢，非自主。

圖十

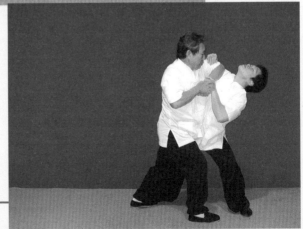

圖十一

四、 按的防身用法

1. 繞臂按眉砍喉

甲上右步以右臂摟挾乙之頸部（如圖十二）。

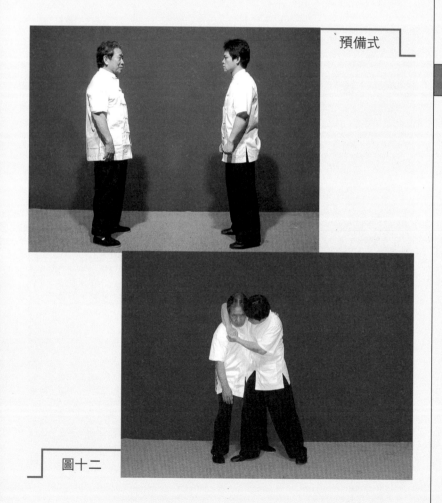

預備式

圖十二

乙將左臂自甲挾頸之臂下向上纏繞穿過並反轉手掌向後猛按甲之額眉或面部（如圖十三）。

　　乙繼出右掌轉身砍擊甲之頸部（如圖十四）

圖十三

圖十四

2. 按防頭提膝頂胸、腹部

甲上步以頭猛向乙腹、胸部撞頂（如圖十五）。

乙速出雙掌由上向下猛按壓甲之雙肩，並提膝上頂甲之腹、胸部（如圖十六）。

圖十五

圖十六

五、採的防身用法

2. 採、抖震肘擊打臉

　　甲上右步出右拳或掌攻擊乙之胸、面部。乙出雙手採攦甲之右手腕與肘以爆發力抖震其整條手臂（如圖十

圖十七 - 1

圖十七 - 2

七）。

　　乙繼以前臂手背擊打甲之右陽穴（如圖十八）。

圖十七－3

圖十八

2. 採手撐拳打擊肋部

甲上右步出右拳攻擊乙之胸、面部。乙側閃出手採擺甲之手腕向後拖帶,同時上右步以橫馬步立拳打擊甲之肋骨部位(如圖十九)。

圖十九 – 1

圖十九 – 2

六、 捋與肘的防身用法

1. 上捋下踹

甲上步以直拳攻擊乙之胸、面部。乙側閃身，雙手抓採甲之小臂，同時向後拉帶，提腳猛踹甲之襠部或膝蓋（如圖二十）。

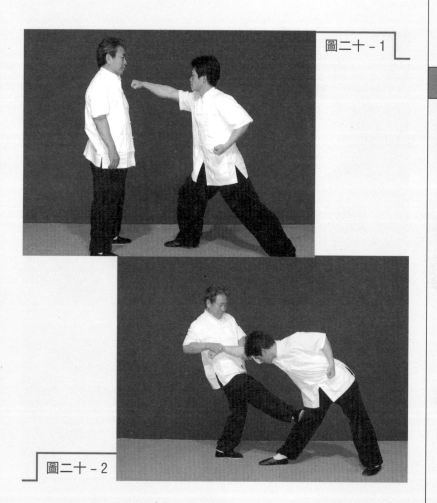

圖二十－1

圖二十－2

2. 攦臂斷肘擊肋

甲上步以直拳攻擊乙之胸、面部。乙側閃身出手抓握甲之手腕，同時舉另一手臂，橫斷甲之肘關節（如圖二十一）。

繼之以肘尖猛力頂擊甲之肋部（如圖二十二）。

圖二十一

圖二十二

七、 靠的防身用法

上劈橫靠打臉、胸部

甲上步以直拳攻擊乙之胸、面部。乙側閃身上步抓握甲之手腕，出另手臂以掌根向甲頭頸部砍劈（如圖二十三）。

繼之將雙臂向左右分開，向後橫打甲之臉、胸部（全身合力）（如圖二十四）。

圖二十三

圖二十四

八、 單鞭防身用法

鞭拳截臂打頭

甲上步以直拳攻擊乙之胸、面部。乙閃身進步出手採攦甲之手腕，以另拳向下橫截甲之小臂（如圖二十五）。繼以鞭拳橫打甲之頭部（如圖二十六）。

圖二十五

圖二十六

太極跤①　太極防身術

九、 野馬分鬃防身用法

攔擋防砍擊喉部

甲上步以右拳攻擊乙之胸、面部。乙右閃身以左掌攔，擋化解，同時進右步以右手掌根砍擊甲之喉部（如圖二十七）。

圖二十七 – 1

圖二十七 – 2

十、 搬攔捶防身用法

搬腕踹脛骨

甲上步以右拳攻擊乙之胸、面部。乙出左拳搬甲右手腕，同時坐胯，起腳踹甲之小腿脛骨（迎面骨）（如圖二十八）。

圖二十八 - 1

圖二十八 - 2

十一、雲手防身用法

採攦手腕擊打腎臟

　　甲上步以右拳攻擊乙之胸、面部。乙側閃身，右手隨腰右轉身採攦甲之右手腕（如圖二十九）。乙上左步至甲身後，出左掌按打甲之腎臟（如圖三十）。

圖二十九

圖三十

十二、撇身捶防身用法

攔擋翻拳攻打頭部

甲上步以右拳攻擊乙之胸、面部。乙以左掌由上向下攔擋下壓甲之右拳，再進右步以右拳反臂鞭擊甲之頭部（如圖三十一）。

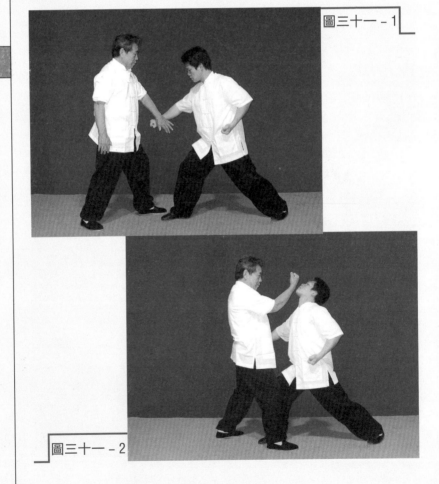

圖三十一－1

圖三十一－2

十三、十字手扇通臂防身用法

十字手封架拳擊肋、腎部

甲上步以右拳攻擊乙之胸、面部。乙以十字手封架甲之攻擊（如圖三十二）。

繼以右手掌採攦甲之右手腕，同時上左步以左拳打擊甲之肋骨或腎臟部位（如圖三十三）。

圖三十二

圖三十三

十四、太極拳對腿部攻擊之防身法

註：

1.用腿攻擊較用拳、掌攻擊力大，但相對而言危險亦較大。其優點猛而快；弱點是身體升高，重心易失去平衡。

2.腿部攻擊的方法眾多，僅以：前踢、側踢、旋踢三種踢法分別說明。太極拳防身法俟此三種踢法熟練後，對他種踢法自能應付裕如。

1. 對前踢的防法

甲以右腳踢乙之襠部，乙縮身下勢以雙掌向下猛拍擊甲之腳背（如圖三十四）。

圖三十四

乙繼之起腳蹬、踹甲之腹、襠部（如圖三十五）。

2. 對側踢的防法

甲上步以右腳側踢乙之腹部。左閃身並以雙手掌橫拍擋甲之右小腿（如圖三十六）。

圖三十五

壹、太極拳防身術之一

圖三十六

乙繼之以雙手臂緊抱甲之右小腿，向後猛拉，同時出右腳蹬、踹或掃踢甲之支撐腿（如圖三十七）。

　　3. 對旋踢之防法

　　甲以右腳向左旋踢乙之頭部，乙向右閃身進步，並以雙手掌拍擊甲之右腳，繼出右拳以鞭拳擊打甲之頭部（如圖三十八）。

圖三十七

圖三十八－1

註：所有踢法，被踢者均可抱踢者之腿而化解！並予攻擊者嚴厲之反擊，但必須注意「掌握時機」，選對部位，使用技術的角度等要領，確實掌控始可奏效而制伏攻者。

十五、被快拳攻擊之防身法

註：快拳者不分中、外，皆指如暴風疾雨之拳擊。對付此種拳法，太極拳必須以更快速之拳法，以急來急應之原則化解並制伏攻者，其方法：

1.日常訓練時應將太極拳套路或每一太極拳單一動作以快速方法練習。

2.並應設計眾多針對各種快拳的防身加強訓練，使之由生而熟而巧而能達用。

太極跤①　太極防身術

貳、太極拳防身術之二

（本篇以摔角為重點，將摔角技術融合在
太極拳防身術中，其功效更為驚人）

太極拳與摔角似乎毫無關聯，無論是傳統太極拳套路（陳、楊、吳、孫、武、趙堡）與中國大陸編撰的簡化太極拳套路以及競賽套路中鮮有摔角動作名稱。僅趙堡太極拳套路中有所謂的「跌」的動作，亦即太極拳所指的太極跌法。另在推手競賽中常有摔角動作出現，尤以中國大陸推行的活步推手中摔角動作很多。而近年來中國大陸更有太極摔角防身法教材與影帶出版，足證明太極拳與摔角的關係不是毫無關聯，而是緊密結合在一塊。但仔細分析無論是趙堡太極跌法也好，大陸上推行的活步推手中所謂「摔」的動作也好，均談不上是正統的摔角技術。

太極拳博大精深，可以說是集武術之大成，其內容不僅是拳架、套路、推手與散手，實際上太極拳技術之應用已包含了摔角與擒拿。祇是在推展上未能兼顧摔角、擒拿。太極拳中缺少了摔角動作，是否受太極拳傳人，大師們（張三峰、陳王庭）等的遺訓：『欲天下豪

45

貳、太極拳防身術之二

傑延年益壽，不徒作技藝之末也。』所影響！因摔角是一項極危險的武術，特別是沒有受過紮實的護身倒法基本功的訓練。無論在練習或競賽中，一旦被摔倒地，其對身體的傷害是相當嚴重的！因而在太極拳各式套路中才沒有出現摔角的動作，當然有關摔角護身倒法亦不會列入。事實上多數的太極拳動作都可以摔，袛要稍加變化，再依據摔角技術要領加以輔正，就可以充分發揮摔角技術了。

太極拳的防身自衛術，有遠距離、有近距離，也有貼身者。武諺云：『遠踢打、近摔、貼身擒拿。』此明顯指出遠距離用太極拳的各種腿法如：蹬腳、分腳、掃堂腿、擺蓮腿、二起腳以及各種拳、掌、肘法。貼身者則以太極拳各種套路中所含的擒拿術與融合在太極拳中的擒拿技術相互運用。而近距離防身自衛法中則運用太極拳基本八法中的掤、攦、擠、按、採、挒、肘、靠與太極拳套路中各種技法，再密切配合摔角技術中的：搵、彆、挑、拉、踢；崩、揣、鎖、擰、抱。撿甩、打、撤、摟。削、靠、扣、圈、勾等二十法，在接體近身搏擊中，順勢用術、借勁、使勁，充分發揮太極拳融合摔角的獨特技術，其防身自衛功效力強大，正如武諺所指：『太極拳加摔角，神仙摸不著。』茲摘要提供下列太極拳摔角防身自衛技術，為愛好者參考：

一、 掤的防身摔法

1. 雙臂上掤斜打摔

甲上右步出右拳攻擊乙之面部。乙退右步雙手掤架，一手掤抓甲之右手腕、一手豎掌置於甲之右肩窩處（如圖一）。

圖一 –1

圖一 –2

乙繼出右腿至甲右腿後方（如圖二）。

　　乙出右腿至甲右腿後方時以左手回拉、右手掌前推、右腿向後勾、身體前傾，三動作同時用力形成合力將甲摔倒在地（如圖三）。

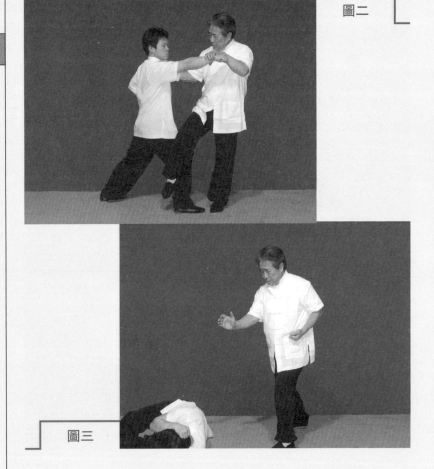

圖二

圖三

2. 雙臂上掤環肘挾頸摔

甲上右步出雙手欲抓乙之雙肩或扼乙之喉頸部，乙雙手向上掤並向左右分開甲之雙臂（如圖四）。

乙雙手上掤分開甲之雙臂，同時撤左步轉身以右臂挾緊甲之頸子，左手抓攦甲之右大臂（如圖五）。

圖四

圖五

乙繼向上猛抬右腿向後蹩打甲之右小腿部，同時身體向左轉動將甲摔倒地（如圖六）。

圖六-1

圖六-2

3. 單臂上掤鎖肘摔

甲上右步出右拳攻打乙之面部。乙左臂上掤架並抓握甲之右手腕，出右臂以右肘彎鎖住甲之肘關節（如圖七）。

乙繼向右轉體變臉，同時以右膝蓋頂撞甲之右大腿內側甲必倒地（如圖八）。

圖七

圖八

貳、太極拳防身術之二

4. 單臂上掤崩肘摔

甲上右步出右拳攻擊乙之面部或胸部。乙右閃轉體，同時以右手掌抓握甲之右手腕部（如圖九）。

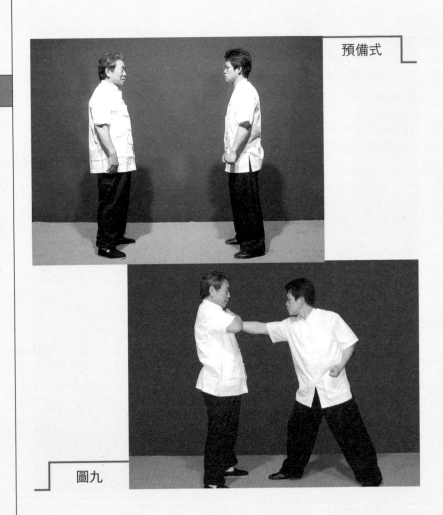

預備式

圖九

太極跤① 太極防身術

乙繼速撤右步（背步），左手自甲右腋下穿過將左掌置於甲腹部，乙之左大臂緊靠甲之右肘關節（如圖十）。

　　乙猛向右後轉身，變臉，左腿向後蹩打甲之右腿，甲必倒地（如圖十一）。

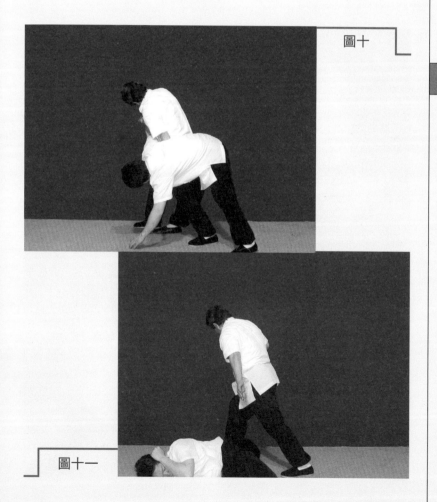

圖十

圖十一

二、攦的防身摔法

1. 外攦單臂撤步轉身摔臂、腕摔

甲上右步出右拳攻擊乙之面部。乙出雙手抓攦甲之手臂（左手抓肘關節，右手抓手腕）（如圖十二）。

圖十二－1

圖十二－2

乙雙手合力向己正後方向猛力拖拉同時雙腿下勢，
撤左步轉體擰甲手腕將甲向左側摔倒（如圖十三）。

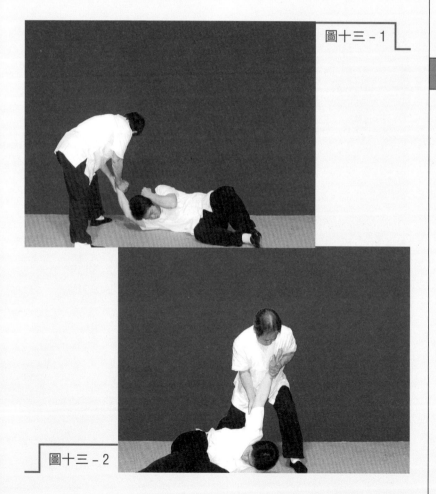

圖十三－1

圖十三－2

貳、太極拳防身術之二

2. 內擺單臂拉摔

甲上右步出右掌緊抓乙之左肩部，乙出左手扣握甲之右肘彎（如圖十四）。

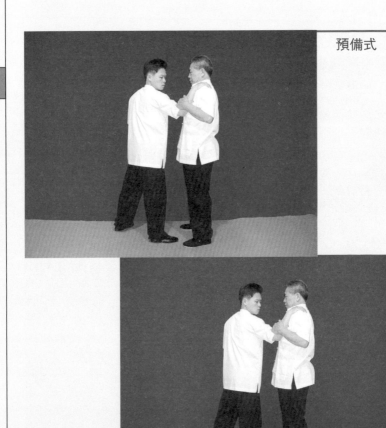

預備式

圖十四

乙扣緊甲之右肘彎後繼撤步向右轉體 180 度，同時出右手抱緊甲之右大臂、臀部緊靠甲之腹部（如圖十五）。

　　乙雙手合力向左後方猛拉，同時向左轉體變臉以右腿向後瞥打甲之右小腿將甲摔倒（如圖十六）。

圖十五

圖十六

3. 內摎雙臂彈撑摔

　　甲上右步出右拳攻擊乙之面部。乙出雙手抓摎甲之右手臂（右手抓大臂，左手抓肘關節）或雙手抓甲手腕（如圖十七）。

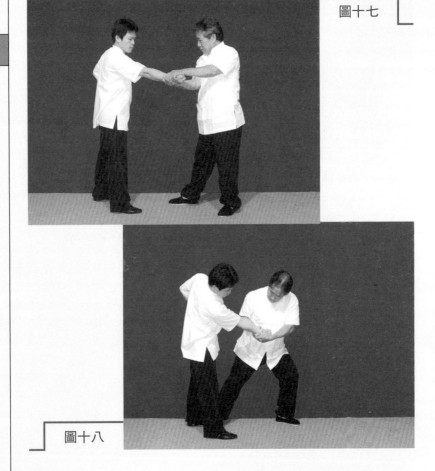

圖十七

圖十八

乙雙手合力向左方扭轉甲之右手臂，同時撤左步出右腳以雙背向右側方彈踢甲之左腿或腳部，同時身體與頭左轉將甲摔倒（如圖十八、十九、二十）。

圖十九

圖二十

貳、太極拳防身術之二

三、擠的防身摔法

1. 被擬順勢擠

乙上左步出左拳攻擊甲之面、胸部。被甲以雙手擬拉（如圖二十一）。

乙被拉趁身體前移之勢，速上右腳於甲之右腿後方，同時以右小臂橫置甲之胸或喉部。同時左手掌置右小臂上，以全身之力向前猛擠甲必倒地（如圖二十二）。

圖二十一

圖二十二

2. 掤架轉身擠摔

　　甲上左步出右拳攻擊乙之面或胸部。乙出左手抓握甲之右臂，同時上右腳於甲之左腿後方（如圖二十三）。

　　乙右臂舉起置於甲右頸側，然後向右後猛力轉體擠摔，甲必倒地，但特別注意，右腿向左內頂，右臂向右後方擠壓（如圖二十四）。

圖二十三

圖二十四

四、按的防身摔法

1.雙掌按推頭額摔

甲上右步伸雙手欲正面摟抱乙之腰部（如圖二十五）。

乙急速下蹲成馬步並出雙掌猛按推甲之頭額部位，

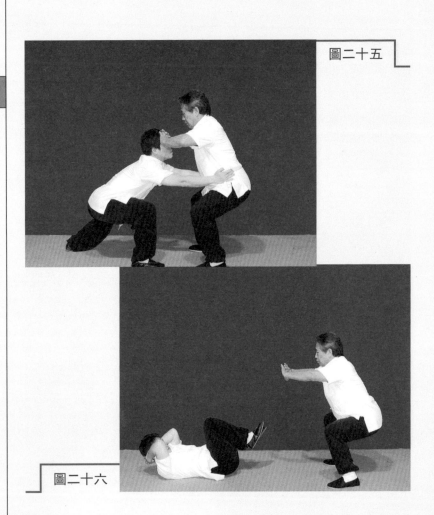

圖二十五

圖二十六

將甲迎面推倒（如圖二十六）。

2. 掏臂單掌按眉摔

甲上右步出右拳攻擊乙之面部。乙出左掌擋架後，出右手掏甲之右大臂同時回拉（如圖二十七）。

乙繼將左手掌置於甲眉額部用力向前按，同時左腳向前掃踢甲之右腿，甲必倒地（如圖二十八）。

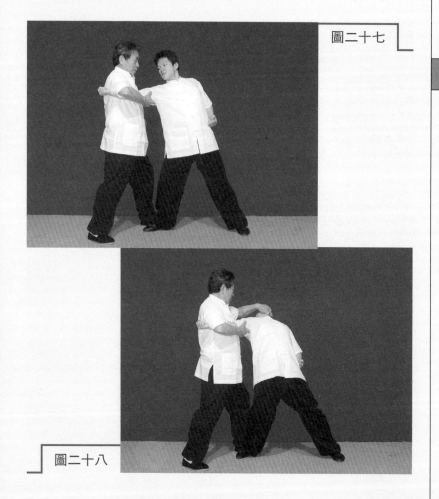

圖二十七

圖二十八

3. 單掌按抹脖踢摔

甲上左腳出右拳攻打乙之面部。乙左閃身同時左臂上架甲之右臂，繼出右手掌置於甲之後頸，同時用力向下向前按壓（如圖二十九）。

乙出右腳猛踢甲之左腳前脛骨部位，甲必倒地（如圖三十）。

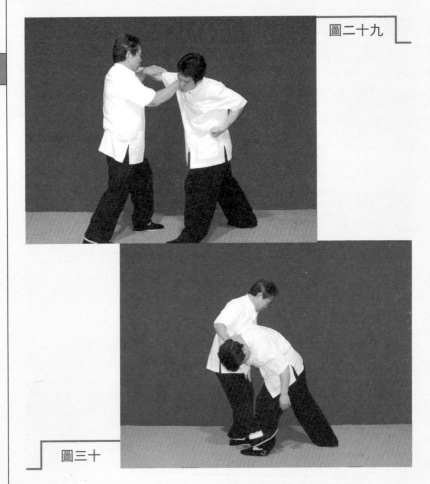

圖二十九

圖三十

4. 單手按背掛腿摔

甲上左步出左拳攻擊乙之腹部。乙左閃身左手抓甲之左臂，同時跨右步於甲之左腳前（如圖三十一）。

乙繼出右掌由甲之後背向下猛按，同時置於甲前方之腿向後猛掛踢甲之左腿，甲必摔倒（如圖三十二）。

圖三十一

圖三十二－1
（背面）

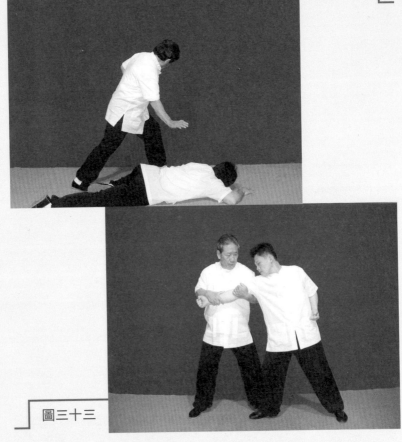

圖三十三

太極跤①　太極防身術

五、採、挒、肘、靠防身摔法

1. 採挒肘摔

甲上右腳出右拳攻擊乙之胸部。乙側身左閃，同時以右手抓握甲之右手腕部。繼撤右步轉體並以左手緊抱甲之右大臂（如圖三十三）。

圖三十四－1

圖三十四－2

貳、太極拳防身術之二

　　乙繼將左腿跨置於甲之雙腿前，利用雙臂與身體右旋之合力，猛烈崩摔，甲必倒地（如圖三十四）。

2. 採挒鎖肘摔

甲上右步出右拳攻擊乙之面、胸部。乙出左手採握甲之右手腕，右手肘彎置於甲之肘關節部位（如圖三十五）。

乙雙手臂合力（左手外推，右肘彎向後猛拉）同時出右腳猛踢甲之左小腿，身體猛向右側後方轉動，乙必倒地（如圖三十六）。

圖三十五

圖三十六

3. 採攦挾頸挑襠摔

甲上右步出右拳攻擊乙之面、胸部。乙左手擋架並抓攦甲之右大臂，同時以右臂緊挾甲之頸部。撤左步轉體，臀部緊靠甲之腹部（如圖三十七）。

乙右腿向後插入甲雙腿中間，同時以右大腿向後上挑甲之襠部，雙手向下猛烈拉帶將甲摔倒（如圖三十八）。

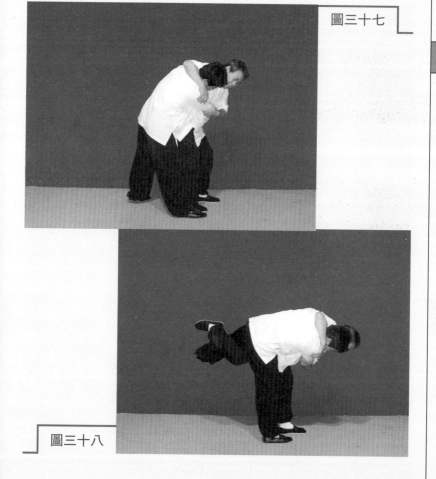

圖三十七

圖三十八

4. 採攦挾頸纏腿摔

此技術乃採攦頸挑襠摔的變化技術，當乙用挑襠摔未能將甲摔到時，立即將右腿向後纏繞甲之左小腿（如圖三十九）。

乙纏緊甲之左小腿後，身體猛向右後轉體，同時右手搬擰甲之下顎部，右腿向上纏挑，全身合力將甲摔倒（如圖四十）。

圖三十九

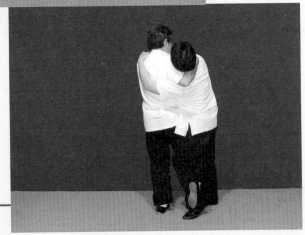

圖四十

5. 採捌肘靠摔

甲上左步出左拳攻擊乙之面、胸部。乙左閃身並出左手抓握甲之左手腕（如圖四十一）。

乙繼上右步於甲之左側身後，並將右臂穿插於甲之左腋下，然後以靠的動作向後猛靠甲必倒地，注意右臂、右腿與全身合力（如圖四十二）。

圖四十一

圖四十二

六、蛇身下勢防身摔法

1. 抓臂蛇身下勢穿襠扛摔

甲上右步出右拳攻擊乙之面、胸部。乙以左手掌向外撥擋並抓握甲之大臂，同時向左後拉引（如圖四十三）。

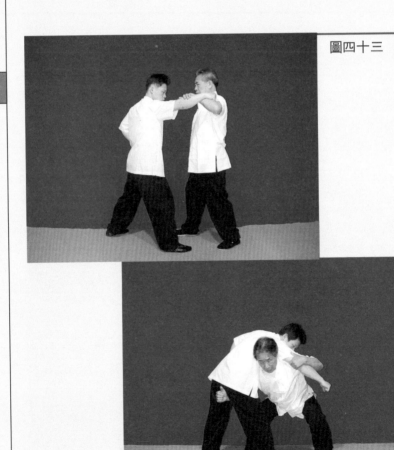

圖四十三

圖四十四－1

乙繼上右步做下勢動作，將頭部迅速鑽入甲之右腋下並以右手抄甲之右大腿根部（如圖四十四）。

　　乙隨即抬頭挺胸、挺腰，左足跟進起身，將甲揹起向後方拋摔（如圖四十五）。

圖四十四 - 2

圖四十五

2. 下勢抱腿枕摔

甲上左步出右手攻擊乙之胸、面部。乙出左手抓握甲之右大臂向左後方拖拉，同時下勢上右步於甲之身體左後方，以右臂纏抱甲之左腿，上體前傾、頭部枕骨與肩部緊靠甲方之腹、胸部（如圖四十六）。

圖四十六

圖四十七－1

乙撤左步，同時伸雙腿、挺腰、挺胸、仰頭，左手向下方拉，右手向上抄將甲摔倒（如圖四十七）。

　　3. 抓臂下勢手合摔

　　甲上右步出右拳攻擊乙之面、胸部。乙出左手抓握甲之右手腕（如圖四十八）。

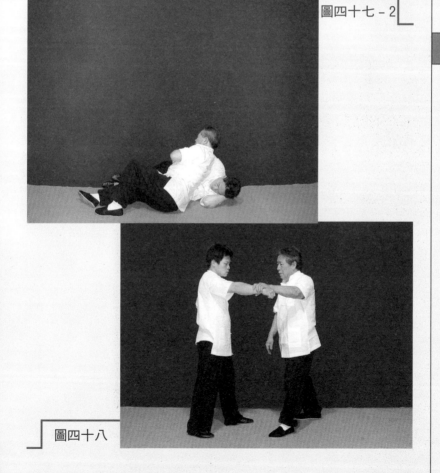

圖四十七－2

圖四十八

圖四十九

圖五十

　　乙繼上右步下勢蹲屈，以右手掌挑打甲之左腿彎
部，同時左手抓握甲之右手腕向左後方拖拉，撤左步以
全身合力將甲自上方拋摔倒地（如圖四十九）。

4. 抓臂下勢臀摔

　　甲上右步出右拳攻擊乙之腹部。乙出左手抓握甲之
右大臂，然後撤左步（左背步）轉體180度，臀部緊貼

甲之小腹部，右手同時抓甲之後腰（如圖五十）。

　　乙繼以雙手及臀部之合力向前方將甲摔倒（如圖五十一）。

七、閃通背的防身摔法

1. 斜打摔

　　甲上右步出右擺拳攻打乙之耳部。乙以左臂架擋（如圖五十二）。

　　同時抓甲之腕部，上左腳至甲左腿後方蹩住甲之腿，繼出左掌猛力向後推壓甲之肩胸部，甲必倒地（如圖五十三）。

　　＊注意手、足全身合力要一致！

圖五十三

八、 雲手防身摔法

1. 撥拿橫靠摔

甲上右步出右手攻打乙之胸、面部。乙以左手掌撥
拿甲之手腕（如圖五十四）。

圖五十五

　　乙繼向下拉引甲之臂，隨即進左步以右手臂向甲右腋下插入，猛烈向左後方靠打甲必倒地（如圖五十五）。

九、野馬分鬃防身摔法

防右拳斜靠摔（防左相同）

甲上左步出左拳攻打乙之胸、面部。乙以右手反抓握甲來拳之手腕（如圖五十六）。

乙繼上左步落于甲之雙腿中間，將左前臂插入甲左腋下，緊靠甲方胸部，身體猛向左後方轉體、轉頭，以全身合力將甲摔倒（如圖五十七）。

圖五十六

圖五十七

十、如封似閉防身摔法

分挑雙攔掖手揣摔

甲以雙掌、雙拳以雙峰貫耳攻擊乙的頭部或胸部（如圖五十八）。

乙雙手向上向外分挑開甲之雙臂並轉腕分抓攔甲之雙手腕（如圖五十九）。

圖五十八

圖五十九 - 1

貳、太極拳防身術之二

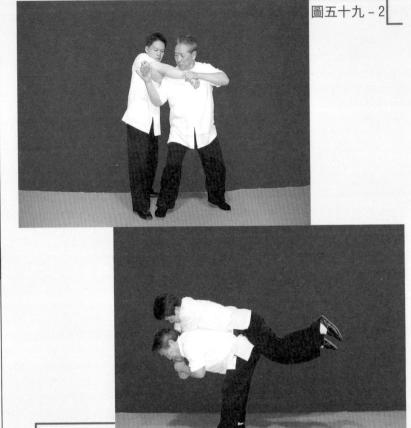

圖五十九 - 2

圖六十

太極跤①　太極防身術

　　乙繼撤左步（左背步）左右手合力將甲之左手臂推向甲之右腋下，同時急轉身體180度下蹲。臀部緊靠甲之小腹部。

　　乙繼以雙臂向前向下之拉力與臀部向後碰撞力，低頭彎腰將甲摔落地面（如圖六十）。

十一、護身倒法

護身倒法，不僅在太極拳摔角防術中為必需俱備的基本功，在太極拳拳術與擒拿術防身術中亦不可忽缺。

護身倒法是被對手摔倒時，保護自己身體，避免受到傷害，並排除危險的一種方法。每一學習太極拳摔角防身術者，對於護身倒法必須要熟練，且俱有紮實的功夫，否則心理上存有怕被摔倒的恐懼，因而在練習技術時只注意如何防禦怎樣才不被摔倒。那麼，不但失去攻擊的精神，技術亦永遠發揮不出來，更無法在技術上有所發展了。

同時一個未練習過太極拳摔角防身術護身倒法者，一旦被摔倒其受傷害的機會較諸他人為多且重。故學太極拳摔角防身術，必須先勤練護身倒法。在摔角術中有句格言：『摔角是在被摔倒中求進步的。』一個摔角技藝高強者，在其一生中不知被摔過幾千、幾萬次，尤其在平日練習技術時。而太極拳摔角術中的護身倒法，因為沒有著摔角衣的關係，難度更高。被摔倒後對地面反作用力的承受更倍增。

以上乃說明太極拳摔角防身術中護身倒法的重要性，以下則是護身倒法的要領，方法與技術：

一、護身倒法的要領

（一）重心已失，無法控制，即將倒地之時！雙臂立即抱肘，護住太陽穴與後腦等處，並避免肘部撞擊對手或被對手身體壓自己身上。

（二）儘量以身體側面或下體先著地，以減輕或減除軀幹內臟受撞擊，擠壓之程度與機會。

（三）倒地時要記住、低頭、抱頭、弓背、收腹、屈膝，使全身呈捲屈狀，與地面接觸之部位，距心臟、胸部越遠越好。

（四）倒地時不可使骨骼垂直著地，因易折斷，肌肉與關節富有彈性，善加利用，可減輕摔擊力量。

（五）感覺對手所施於己身之力，已使己身重心失去，而無法控制時，以扭轉局勢時始可作被摔倒之準備。但不可過早，過早易失去「峰迴路轉」，轉敗為勝的機會。但亦不過遲，過遲則會措手不及，易受重傷。故反應要迅速，判斷要正確。

二、護身倒法的種類

（一）自倒法

當倒地時不論左側、右側、正面或背面，著地之同時，以雙手將頭抱住，雙小臂護住太陽穴、大臂護胸、雙腿彎曲、大腿護腹、小腿護襠、弓背收腹，全身緊縮

圖六十一

成圓形，以減輕倒地時之反作用力，並防止施術者跌、踩、壓、跪傷害己身（如圖六十一）。

（二）二人拉手倒法

　　二人面相對而立，足尖相抵，雙手手心向對互扣握、身體後仰、雙臂拉直、聞放手口令時二人順勢向後

圖六十二

臥倒地。用前述要領做妥護身倒法，身體著地時，頭部
應盡力向前收！同時頸部用力以防後腦受傷（如圖六十
二）。

（三）前滾翻倒法

前滾翻倒法分右、左兩種；前滾翻倒法又分原地與
行進間兩種。

圖六十三

　　1.原地前滾翻倒法：以正自然姿勢站立後，雙腿下
蹲、左膝跪著地、右腳向前一步、左手掌置於左膝前方
與右腳尖成平行在一線上，上身前彎曲，右臂向前成半
圓形，右手五指併攏，掌心向右側方放置於右腳拇趾邊
沿（如圖六十三），向前滾翻時以左腳掌蹬地，上身前
傾，以右肘支撐向前滾，使身體順著右肩部、背部、臀

部的次序，像車輪旋轉似的向前滾翻倒下，然後低頭抱頭、收腹、捲腿使身體成側臥姿勢倒地。左側倒地與右側相反。

2. 行進間倒地與原地相同。

參、太極拳防身術之三

（本篇以擒拿術爲重點，將擒拿技術融合在
太極拳防身術中，效果更俱威力！）

太極拳與擒拿術關聯性較摔角密切，此可自太極拳套路中含有擒拿技術爲証。陳氏太極拳老頭套第八勢三十五動就是小擒拿；陳氏太極拳譜（和架式）中更有第二十二動、第九十五動、第一零二動均名爲擒拿。另趙堡太極拳譜（宋蘊華編著：一九九零年、九月十五日）此拳譜中擒拿技術有：第十四動擒拿串錘式、第六十五動擒拿式、第七十動亦名擒拿式。而趙堡太極拳推手、擒拿、跌法一篇中共四十個動作，其中擒拿動作佔二十五動，且有圖片及文字解說，由此可了解太極拳與擒拿術的密切性。擒拿術是少林搏擊技術，其重點在：分筋、錯骨、閉氣、截脈。其法有十八即：鎖、扣、刁、纏、拿、順、擰、點、擊、壓、摔、封、切、推、拉、折、抖、撞。其要訣在借力，順勢、巧取、妙破、拿點要害。將擒拿術融合在太極拳中，防身自衛功效更強，茲摘要出以下技術供愛好者參考：

一、掤的防身擒拿術

1. 單臂上掤鎖肘擒拿法之一

甲上左腳出左手打或抓乙之面、胸部。乙右掌向右推擋甲之左小臂並抓握甲之手腕（如圖一）。

乙繼出左小臂以左小臂側擊甲之左肘彎處，順勢將左小臂由左向右纏繞於甲之左臂上，同時上步於甲之身後並控制甲之左肘關節（如圖二）。

圖一

圖二

2. 單臂掤背後擒腕法

甲方上右腳出右拳攻擊乙之面，胸部。乙右手上掤並抓握甲之右手腕（如圖三）。

乙繼出左手抓握甲之右肘彎，左手向後猛帶，右手向前猛推送，雙手合力將甲之右手腕向背後推壓。右手掌扣緊甲之右手腕關節，左手緊抓甲之右肘關節，將甲之肘尖控制於右腰側，同時上右腳於甲之身後方（如圖四）。

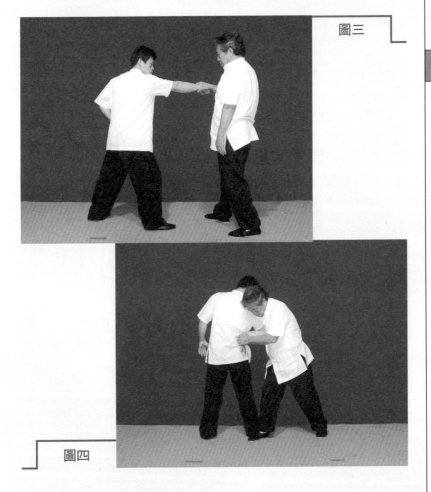

圖三

圖四

3. 單臂上掤鎖肘擒拿法之二

甲方上右腳出右拳攻打乙之面部，乙方左小臂向上掤推架甲之右手小臂（如圖五）。

乙繼以左手掌向外纏繞甲之右小臂，並將甲之右手掌置於小腹部，繼出右小臂由甲之右肘關節部位向內躄其肘關節（如圖六）。

圖五

圖六

4. 單臂掤鎖肘擒拿法之三

甲方上右腳出右拳攻打乙之面、胸部。乙方左閃身同時以左手抓握甲之手腕（如圖七）。

乙繼將甲之右手臂猛向左外拉帶，同時急出右小臂向上擊打甲之右肘關節部位（如圖八）。

乙右小臂向回拖帶，抓握甲右手腕之左手向前，雙

圖七

圖八

參、太極拳防身術之三

臂合力將甲之右肘關節鎖緊（如圖九）。

二、攦的防身擒拿術

1. 雙手攦捆臂擒拿法

甲上左腳出左拳或掌攻擊乙之胸、面部。乙右閃身出雙手爪將甲之右臂（左手抓肘關，右手抓手腕）向後攦帶（如圖十）。

圖九

圖十

乙繼向上旋轉右手掌並向前推甲之肘關節，左手推甲之左小臂，雙臂合力將甲之右臂捆纏於左臂上（如圖十一）。

　　2. 雙手擺壓肘擒拿法

　　甲上右腳出右拳攻擊乙之腹部，乙向右側閃身，同時出左小臂向側推擋開甲之右臂（如圖十二）。

圖十一

圖十二

乙雙手抓握甲之右手臂，撤左腳成右弓步，並甲右手臂置於右大腿上乙左手掌用力向下按壓甲之右肘關節，右手牢抓甲之右手腕（如圖十三）。

3. 雙手攦臥地崩肘擒拿法

甲上右步出右拳攻擊乙之腹部。乙向右側閃身，同時以左小臂向側方推擋開甲之右手臂（如圖十四）。

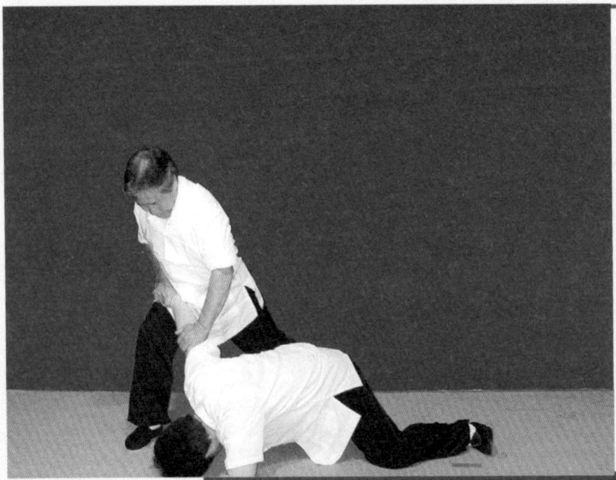

圖十三

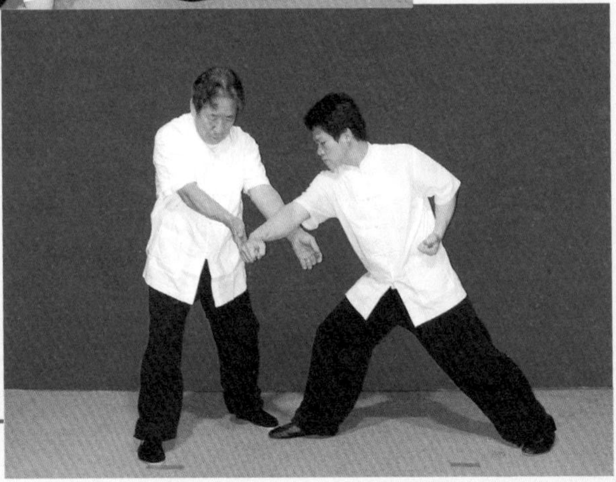

圖十四

乙雙手抓握甲右手腕向後方擺並向左方扭甲之手腕
（如圖十五）。

　　乙繼撤左步向左後轉體 180 度，同時坐臥於地面將
甲拖拉倒地，繼之以左手抓緊甲之右手腕，右臂伸直置
於甲之左頸側，雙手合力虌崩甲之右臂肘關節（如圖十
六）。

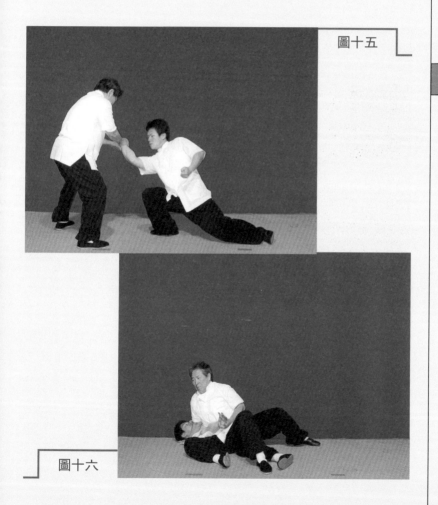

圖十五

圖十六

三、擠的防身擒拿術

1. 攦臂擠制肘，腕擒拿法

甲上右步出右拳攻擊乙之面或胸部。乙左閃身出雙手抓握甲之手臂（右手抓攦甲之手腕，左手抓握甲之右肘關節）（如圖十七）

同時雙臂合力回拉與胸部向前擠壓甲之右手臂（如

圖十七

圖十八

圖十八）。

乙撤右腳向右後轉體 180 度，同時將甲之右肘緊挾左腋下，左手移握甲之右手掌背部（如圖十九）。

2. 肩、領部被抓提肘，壓腕擠拿臂法

甲上右步出右手屈肘緊抓乙之肩或領部（如圖二十）。

圖十九

圖二十

乙右掌抓壓甲之右手腕，右手抓甲之肘關節（如圖
二十一），乙繼上左步，胸部緊擠甲之右手臂，同時將
頭伸向甲之右頸後，以全身合力緊擠壓甲之右手臂（如
圖二十二）。

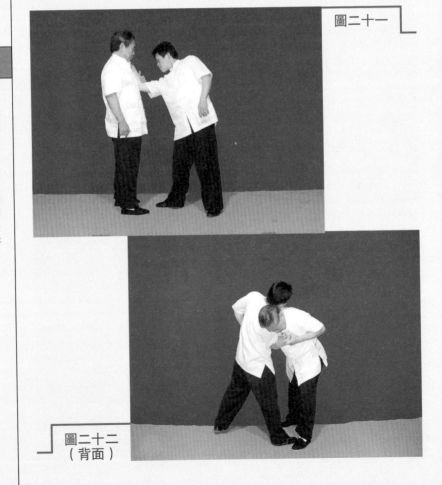

圖二十一

圖二十二
（背面）

四、按的防身擒拿術

1. 肩、領部被抓，按壓腕擒拿法

甲上右步出右手直臂抓攓乙之肩或領部（如圖二十三）。

乙速以右手反抓甲之右手腕部並緊按壓使甲無法脫逃，乙繼向右轉體，並將左手肘上舉以大臂中央猛力向下按壓甲之手腕（如圖二十四）。

圖二十三

圖二十四

2.頸側被抓、按壓肘擒拿法

甲上右步出右手抓握乙之左頸（如圖二十五）。

乙腰微向右擰，出左手托握甲之右肘後猛低頭向左由甲右臂下鑽出，同時右手抓甲之右手腕（如圖二十六）。

圖二十五

圖二十六 -1

乙繼以右手向回扳擰甲之右手腕，左手按推甲之肘
關節，甲必疼痛而前伏被擒（如圖二十七）。

（如乙右手向後猛向上扳，左掌擊甲之背部右側，
甲之右肩即脫臼）

圖二十六 –2

圖二十七

3. 手腕被抓、腕部纏繞按壓擒拿法

甲上右步出右手抓握乙之右手腕部,乙迅出左手掌心向下,緊按甲抓握之手背,不使產生空隙或脫開(如圖二十八)。

乙繼以右手四指及腕部,由外向上纏繞按壓甲之右

圖二十八

圖二十九

手腕，雙手合力不讓甲之右手脫開，左腳向後退一步，上體微向後仰，以右手掌力反扭按甲之手腕（如圖二十九）。

如遇抗力，立即上右步反按壓甲之右手拇指（如圖三十）。

圖三十 -1

參、太極拳防身術之三

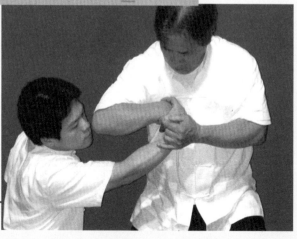

圖三十 -2

4. 手腕被抓，反擒按壓腕擒法（甲乙二人同方向並肩而立）

甲出右手抓乙之左腕部，乙右腳稍向右側出半步，同時出右手緊抓甲之右手背，左臂向上抬，拉甲之右手臂伸直（如圖三十一）。

乙繼以左肘由上向下按壓甲之右手腕用力向左後轉扭壓，右手仍緊按甲之右手背（如圖三十二）。

五、採、挒、肘、靠防身擒拿術

1. 採腕挾（挒）肘擒拿法

甲上右步出右拳攻擊乙之面、胸部。乙右閃身以右掌抓握甲之右手腕，乙繼上左足一步，出左手由甲之右臂上方纏繞甲之手肘（如圖三十三）。

圖三十一

圖三十二 -1

圖三十二 -2

圖三十三

乙身體迅速向右後轉 180 度，與甲成平行方向，右
手抓握甲之右手腕向下壓，左手臂上頂甲之右肘關節
（如圖三十四）。

圖三十四 -1

圖三十四 -2

2. 採腕折（捌）肘擒拿法

甲上右步出右拳或掌攻擊乙之胸、面部。乙左閃身以右手抓攞甲之右手腕（如圖三十五）。

乙繼出左手亦抓握甲之右手腕，雙手合力上抬甲之右臂，左肘向上猛頂甲之肘關節（如圖三十六）。

圖三十五

參、太極拳防身術之三

圖三十六

或將甲之右臂架置於左肩上，雙膝同時上挺，雙手抓甲手腕向下拉以折其肘（如圖三十七）。

3. 採腕捌肘擒拿法

甲上右步出右手抓握乙之左肩衣領（如圖三十八）。

太極跤①　太極防身術

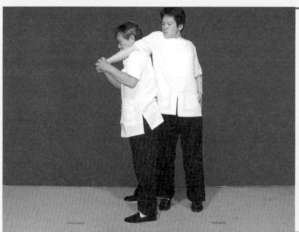

圖三十七

圖三十八

乙右手即速扣握甲之右手，同時右腳向後撤步，屈左肘上舉（如圖三十九）。

　　乙上體右轉，左小臂向下格捌甲之右肘關節（如圖四十）。

圖三十九

參、太極拳防身術之三

圖四十

4. 採腕靠肘擒拿法

甲上右步出右手抓握乙之衣領部。乙出右手扣壓握甲之右手腕（如圖四十一）。

乙右足向後撤步，同時右轉身（如圖四十二）。

圖四十一

圖四十二

乙繼向右後猛力轉身，並以左大臂猛力靠撞甲之右肘關節（如圖四十三）。

5. 格肘抱臂崩肘擒拿法

甲由後右手抓握乙之後衣領（如圖四十四）。

圖四十三

參、太極拳防身術之三

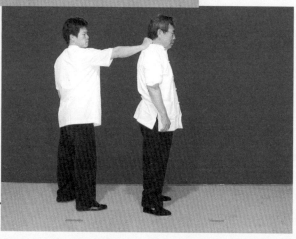

圖四十四

乙向前上左步，屈右肘上舉（如圖四十五）。

乙繼向右後轉體以右小臂橫格　甲之右肘關節（如圖四十六）。

圖四十五

圖四十六

乙繼轉身以右臂由甲右臂上，向下抱住甲之右臂。同時向前上左步，左臂向甲胸腹前伸直雙手及身體合力崩折甲之肘關節（如圖四十七）。

圖四十七 -1

圖四十七 -2

6. 摘盔，頂腰擒拿法

甲雙手抓握住乙右手腕下拉，右手臂向上扛乙右肘關節（如圖四十八）。

乙兩腳迅速向上提腳跟，同時左手由前向後扒壓甲前額（如圖四十九）。

圖四十八

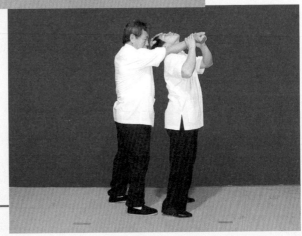

圖四十九

乙繼屈左膝向前頂撞甲腰部（如圖五十）。

7. 採腕擰臂捌肘擒拿法

甲上右步出右拳攻擊乙之面、胸部。乙右閃身以右
手抓攔甲之右手腕（如圖五十一）。

圖五十一

乙繼出左手抓握甲之右拳（雙手拇指置於甲右拳心，四指緊握其手臂）（如圖五十二）。

　　雙手合力將甲之右臂向左推送，身體協同向左轉，同時上右腳與甲之身體成一平行線，唯雙方身體相背！

　　雙臂合力向上推抬約 120 度（如圖五十三）。

8. 採腕端捌肘擒拿法

　　甲上右步出右手（手心向上）由下向上抓握乙前腰

圖五十二

圖五十三

帶，乙上身略前傾、縮小腹、出左手抓握甲之右手掌
（如圖五十四）。

乙繼出右手抓握甲之右肘尖，身體後仰，以猛力向
上向裏端，甲右肘必斷（如圖五十五）。

9. 採腕崩摔捌肘擒拿法

甲上右步出右手手心向下抓握乙之前腰帶，乙以右
手掌心向上執握甲之右手腕（如圖五十六）。

圖五十四

圖五十五

太極跤①　太極防身術

圖五十七

　　乙繼左足向前半步，同時出左臂伸直並以掌緊靠甲之腹部，右足向後撤大步以全身合力將甲崩摔倒地，然後右手抓握甲之右手腕，左手抓甲之肘關節（如圖五十七）。

　　乙再將甲之右臂並向前反折，並以右足穿入甲之右肘中，同時以左膝跪於甲之臀部上（如圖五十八）。

圖五十八－1

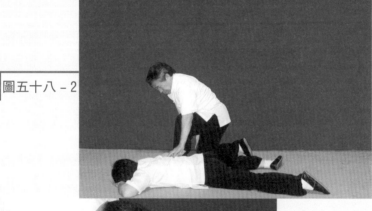

圖五十八－2

圖五十八－3

10. 採腕推顎靠肘擒拿法

甲上右步出右手抓握乙之後腰帶，乙以左手掌心向下，緊抓甲之右手腕（如圖五十九）。

乙右足向後退半步，身體向右後轉體 180 度。同時身體下蹲，以右臂穿纏至甲之右肩上（須注務使甲之右臂反向靠緊自己之右肩，同時身體前傾），右手推按甲頸部或下顎處，向前上推壓以折甲之肘關節，左手仍緊抓甲之右手腕不使脫逃，全身合力捌靠甲之肘關節（如圖六十）。

11. 接採腕壓肘擒拿法

甲出右手手心向下抓握乙之左手腕部，乙迅速出右手扣緊甲之手腕（如圖六十一）。

乙左腳向前出半步，左手虎口向上猛頂甲之腕部關節，同時左、右手合力向左、右方扭、撐甲之手腕，並向下折甲之手腕（如圖六十二）。乙再將左足向甲左前

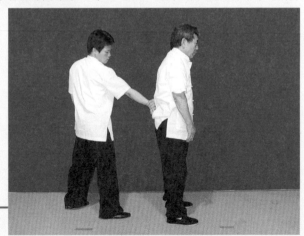

圖五十九

方移動半步，右腳隨之後退，左臂自上向下繞過甲之右臂，同時以左肘向下猛壓甲之右肘關節，使甲之右臂垂直，右手抓甲之右腕部向上抬，並向前推（如圖六十三）。

乙右腳向前一大步，同時兩手向右側下方用力拉壓，將甲拖俯臥倒地，此時速以右手抓甲之右手，右手

太極跤①　太極防身術

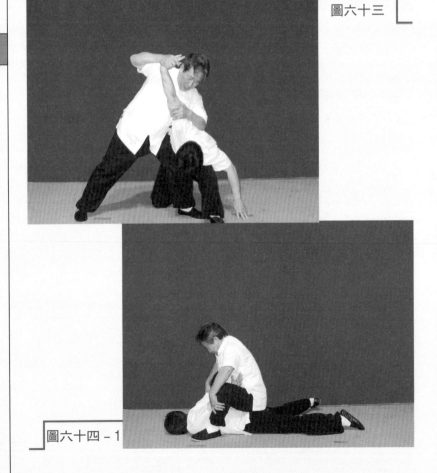

圖六十三

圖六十四－1

抓乙之左手，將乙之兩臂向上豎起，同時乙兩腿分開坐於甲之背腰部（如圖六十四）。

六、手揮琵琶彎肘擒拿法

甲上右步出右拳攻擊乙胸部。乙以左手掌由外向內抓攏甲方右手腕（如圖六十五）。

圖六十四－2

圖六十五

乙繼屈右肘，以左小臂猛力向左後掛擊甲之右肘彎（如圖六十六）。

同時上右步雙手控制甲之肘關節（如圖六十七）。

圖六十六

圖六十七

七、雲手擺背後擒腕法

　　甲上右步出右拳攻擊乙之胸部。乙以右手抓擺甲之手腕（如圖六十八）。

　　乙出左手掌心向上抓握甲之右肘關節（如圖六十九）。

圖六十八

參、太極拳防身術之三

圖六十九

乙繼上右足於甲之身後，雙手合力（左手回拉，右手前推）將甲之右臂推向右側背後，乙右手抓握甲之手背向內折壓，將甲之右肘尖頂靠乙之右腹部（如圖七十）。

八、野馬分鬃採擴拿肘擒法（與提手上勢擒肘法同）

　　甲上右步出左拳攻打乙之胸部。乙出右手抓採甲之

圖七十

太極跤① 太極防身術

圖七十一

左手腕（如圖七十一）。

　　乙繼以左小臂插入甲之左肘彎下，立即向右上方挑打反關節擒甲之左肘（如圖七十二）。

九、轉身大攦拿肘擒法

　　甲上右步以掌攻擊乙之面部。乙右弓步用左手格檔（如圖七十三）。

圖七十二

參、太極拳防身術之三

圖七十三

乙以右手由外向內抓握甲之右手腕，向右下方擰轉攞帶，同時出左掌抓按甲之右肘，同時右腿後撤，身體右轉，甲方被攞順勢右腿向前移步，落於乙方左腳內側（如圖七十四）。

　　乙方將右手的擰轉，拉引與左手壓按與撤步轉身合而為一！將甲擒於身下（如圖七十五）。

圖七十四

太極跤① 太極防身術

圖七十五

十、十字手架擋擒肘法

　　甲上右步出右拳攻打乙方面部，乙以雙手在面前十字架擋（如圖七十六）。

　　乙方隨即右手反握甲方右手腕向外旋擰轉，以左臂猛壓甲之肘關節，將甲方擒拿於身體前方（如圖七十七）。

參、太極拳防身術之三

圖七十七

十一、雲手攦腕擊肘壓肩擒拿法

　　甲上右步出右拳攻擊乙之面部，乙向右閃身並出右
手抓握甲之右手腕部（如圖七十八）。

　　乙繼以左肘猛擊甲之右肘關節（如圖七十九）。

　　乙左手臂下壓，右手同時上拉與前推甲之右臂，左

太
極
跤
①

太
極
防
身
術

圖七十八

圖七十九

手向內搬甲之右肘關節（如圖八十）。

十二、抓腕提肘擒拿法

甲上右步出右拳攻擊乙之面部，乙撤右腳成弓步並以左外腕上架甲之右小臂，同時出右手迅速扣握甲之右肘關節（如圖八十一）。

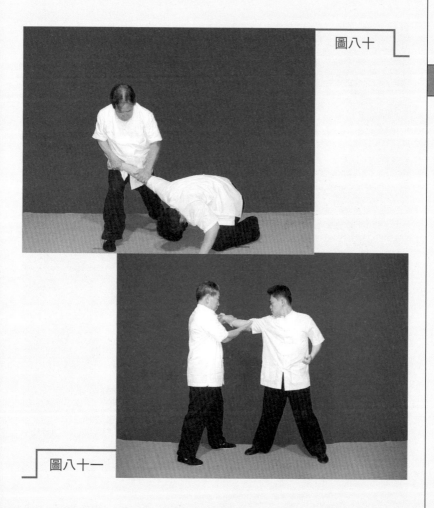

圖八十

圖八十一

乙雙手向己胸前拉甲之右手臂，同時右手上抬甲之肘，左手用力下壓甲之右手腕（如圖八十二）。

十三、腰側被抓反擒法

甲上右步以右手抓握乙之左腰側欲使用臀摔法（如圖八十三）。

乙迅速以左手自甲右臂下穿過向上圈甲之肘關節，

圖八十二

圖八十三

同時右手掌心向下抓握甲之右肩部，左手再抓握己之右小臂，以全體力扭甲之肘關節及腕關節（如圖八十四）。

十四、反擊低姿勢攻擊鎖喉法

甲上右步低姿勢向乙迎面撲來，欲以雙手摟抱乙之雙膝彎，乙速以雙掌推擊甲之雙肩（如圖八十五）。

乙繼以右臂由下向上挾甲之頸部（如圖八十六）。

圖八十四

圖八十五

圖八十六－1

圖八十六－2

十五、後抱腰解脫擒拿法

　　甲上右腳一步，雙手由乙身後以雙臂圍抱乙腰（如圖八十七）。

　　乙雙膝前屈，上體前傾，臀部向後趁勢雙肘向上架沖開甲之雙臂，同時身體立即向右轉體，以右肘尖向甲之腹、腰、肋骨猛擊（如圖八十八）。

圖八十七

圖八十八－1

圖八十八－2

乙繼雙手抱緊甲之右大臂，向左拉，將甲摔倒並制甲之肘關節（如圖八十九）。

十六、抓握後領反擒法

　　甲出右手抓握乙之後領襟，乙速伸右手掌向下按甲之手腕部（如圖九十）。

圖八十九

圖九十

乙繼向左轉體，突出左掌自下抓握甲之右臂關節並向上推頂（如圖九十一）。

十七、抓握後頭髮反擒法

甲右手掌心向下抓握乙之後頭髮，乙速出雙手扣緊甲之手腕（如圖九十二）。

圖九十一

圖九十二

乙抓緊甲之手腕後，左腳向右側橫跨一大步，身體向右後轉 180 度，使甲肘關節向上，然後頭部用力向前上方力頂，甲必不支（如圖九十三）。

十八、抓握前頭髮反擒法

　　甲出右手緊抓乙之前頭髮。乙速以右手向下壓緊甲

圖九十三

圖九十四

之手，同時左手亦由下向上緊抓甲之腕關節與右手密接
合力控制之（如圖九十四）。

　　乙繼將左腳向甲雙足中央踏進一步，以小臂與肘關
節扣壓甲之肘關節，同時身體稍向右轉將甲之右臂成垂
直。此時右手抓甲之手腕盡力將甲之手腕向外向下反折
（如圖九十五）。

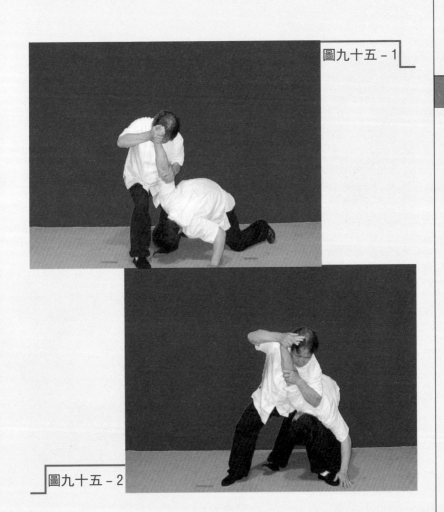

圖九十五－1

圖九十五－2

141

參、太極拳防身術之三

附錄　太極拳拳式圖

郭　愼　老師　演練

無極式（預備式）

起式

單掤式

攬雀尾–掤

攬雀尾–擭

攬雀尾–擠

攬雀尾－按　　　　　採（後採）　　　　　採（前採）

挒　　　　　　　　　肘　　　　　　　　　靠

單鞭　　　　　　　　提手上式　　　　　　白鶴亮翅

摟膝按掌

手揮琵琶

搬攔捶－1

搬攔捶－2

搬攔捶－3

搬攔捶－4

如封似閉

十字手

抱虎歸山

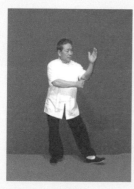

肘底捶

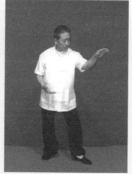

倒攆猴

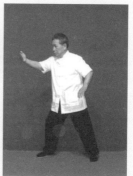

斜飛式

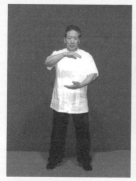

雲手–1

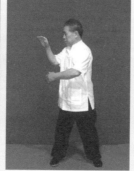

雲手–2

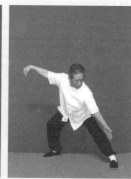

下勢

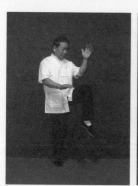

金雞獨立

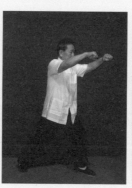

雙風貫耳

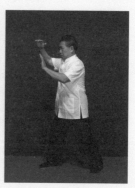

玉女穿梭

野馬分鬃

海底針

扇通背

高探馬

彎弓射箭

打虎勢

指襠捶

撇身捶

白蛇吐信

栽捶

上步七星

退步跨虎

蹬腿

分腳

附錄　太極拳拳式圖

一、學武簡歷

余自稚令在家鄉山西省五台縣隨外祖東雲公學習中國式摔角（山西省素稱摔角之鄉）始，就對武術產生興趣，及長又先後在學校、社會、軍旅生涯中拜名師學習多種武術。以學習先後順序簡述如後：劉木森大師太極拳、少林拳（氣功協會長）；黃滄浪大師柔道（柔道十段）；常東昇大師摔角、常氏太極拳（一代跋王、武狀元）；潘文斗大師擒拿（憲兵學校武術總教官）；李元智大師八極拳（陸官校武術教官）；張英建大師少林拳（民國 44 年台、港、澳國術大賽徒手比賽總冠軍）；林象賢教練舉重、健美（國家代表隊教練）；張鏡宇教官日式刺槍術（大陸時期陸官校劈刺總教官）；邊寧佳教練角力（美國國家代表隊教練）；李基鴻教練西洋拳（國家代表隊教練）。以及遠赴法國、義大利、德國、日本、新加坡、印度、伊朗、韓國、蘇聯、外蒙古、中

國大陸等國參加角力、舉重、健美教練裁判講習，榮獲角力、舉重、健美，三項國際教練及裁判証。曾擔任國軍戰鬥技術師資班教官、突擊兵、反情報班的格鬥教官；台灣高等法院警訓練班武術指導。現今仍兼任中國文化大學國術學系摔角、擒拿術教授。

二、 編撰太極拳防身術教材緣由

（一）早在 1989 年應聘擔任中國文化大學國術學系的摔角與擒拿術課程時就有此動機。主要的原因是覺得擒拿術與摔角術應該融入太極拳中，以增強其防身威力！之後經過多年的研究觀察，各家太極拳套路、太極散手及推手比賽，並與眾多太極拳推手、散手同好切磋印証。發覺太極拳不僅限於拳術，實際蘊涵著所有徒手武術。事實上，擒拿術在太極拳套路中就屢見不鮮，摔角名稱雖然甚少出現在太極拳套路中，但在推手練習與比賽中出現很多被摔倒的動作，而這些摔倒的動作。只要稍加修正就是摔角技術了。坊間有不少所謂太極拳防身術的手冊、專書，但內容均缺少擒拿與摔角技術。太極拳歷史悠久，博大精深，但多少年來一直停留在養生益壽、保健、強身階段，未能真正發揮太極拳養生、健身、防身自衛的全面功能，誠乃一大遺憾。在文化大學國術學系教學近十五年的歲月中，為編太極拳防身術教材，曾先後多次請益於國術學系武術權威前輩：張敦熙

教授（太極拳、通臂拳）；孫紹棠教授（孫臏拳、八卦掌、太極拳）；王鳳亭教授（八極拳、功力拳、摔角、太極拳）。也得到前輩們的認同與鼓勵。原期盼在前輩們的見證下能完成初稿，再懇請賜正。但因自己信心不足，任由時光蹉跎。而今三位前輩均先後往生，自己亦已臨夕陽黃昏之境，時光催人老！不能再瞻前顧後，故鼓足愚勇、搬門弄斧、野人獻曝。

（二）1990 年國立體育學院舉辦「全國國術實驗研習班」，聘請筆者擔任講師（如聘函）。該次講習課程眾多，筆者負責擒拿與摔角術課程。在研習過程中結識了很多國術界名師與精英。太極拳界結識了國家代表隊教練陳修姚女士，之後在陳教練的引介下結緣於太極拳界的多位先進：南海太極學苑會長吳紀陞先生、太極拳總會資深教練羅清香副秘書長、秘書長葉雲武先生、張理事長肇平先生，當然還有很多太極拳前輩與精英是筆者需要請益的。並先後於 1999 年、2000 年應聘擔任「南海學苑太極拳志工指導員培訓班」講師（如聘函）；暨「太極拳總會縣市級教練講習會」講師（如聘函）；「國家級教練講習會」講師（如聘函），所擔任研習的課程均是太極拳防身擒拿術與摔角術。多次的課程講解與操場實習演練，均得到學員們的認同，也因而增強筆者不少信心（附照片數幀）。

（三）太極拳基金會的邀約，真正促使筆者編撰太

極拳防身術教材是太極拳基會策劃、研發。負責人羅清香女士（原總會副秘書長）、葉雲武（原總會秘書長）暨董事長吳尚志博士的認同。太極拳基金會爲促進太極拳能普及全民，在吳董事長的資助，綜理與幹部們的全力策劃下，以創新方式編製教材。首先將原有的教材化繁爲簡。以簡單、活潑、生動的方式推向各年齡層，進而將太極拳由養生、健身而發展至防身自衛技術。筆者負責防身技術的研發。實際開始研發的時間是 2001 年 12 月中旬開始，預定在 2002 年底完成。在研發的過程中可說歷經艱辛：蒐集資料、動員筆者的學生數十次演練，初稿撰寫、多次修正、電腦打印、拍攝照片、校正、定稿以及補拍照片等，經歷整整一年終算完成。

筆者編撰太極拳防身術教材可說是竭盡心力。但因武學基礎淺薄，學養有限，錯失之處在所難免。尚祈諸先進。武學大師們惠予指正。好在編此教材也是拋磚引玉，深切期盼能有更上層樓的佳作出現。使我中華武學繁衍綿延，永垂不朽。則余願足矣！

本教材編撰期間，荷蒙眾多師長、同學協助；或提供意見；或提供資料；或打印稿件；或拍攝照片，否則無法及時定稿成書謹以本書之出版感謝「成人之美」的諸君子，特別向中華武術精英太極拳教練、裁判邱志瑤先生說聲　謝謝！

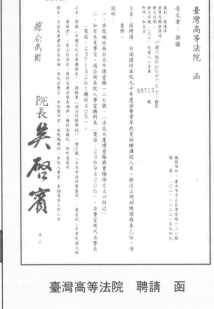

臺灣高等法院　聘請　函　　　　漢格傳播有限公司　感謝　函

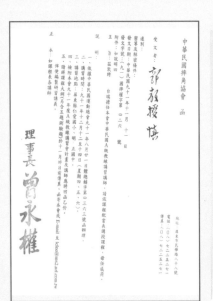

中華民國摔角協會　　　　　　　參加 1994 年海峽兩岸
聘任 A 級教練講師　　　　　　　國術學術研討會

中華民國角力協會　授六段證書

中華民國角力協會　秘書長聘書

國外研習參與活動證書

國際摔角協會　玖等黑帶　證書

第十六屆全國民俗才藝活動大會
太極拳藝觀摩邀請賽　裁判　聘書

第二十屆全省運動會男子摔角
重量級冠軍

上課情況

154

太極跤①　太極防身術

中華民國太極拳總會　講師聘函

中華民國太極拳總會函

機關地址：台北市朱崙街二十號608室
傳　真：(〇二)二七八三三八九〇
電　話：(〇二)二七六五八七三一三

正本

受文者：

速別：

密等及解密條件：

郭教授　慎

發文日期：中華民國八十九年四月十日

發文字號：八十九拳平字第一〇五號

附件：如文

主旨：本會定於八十九年四月廿一、廿二、廿三、三十日共計四天假台北市復興南路二段15號佈樓（太極文物館）舉辦八十九年度Ａ（國家）級教練講習會，茲敦聘　台端為該講習會講師，檢附課程表乙份，屆時請準時前往授課為荷。

理事長　張摩平

上課情況

正本
中華民國太極拳總會函
受文者：郭教煥　慎
速別：
密等及解密件：
發文日期：中華民國八十九年五月八日
發文字號：八十九拳平字第一三一號
附件：如文
主旨：本會定於八十九年五月廿六、廿七、廿八日共計三天假台北市朱崙街二十號六樓及三樓會議廳（體育運動大樓）舉辦八十九年度Ｃ（縣市）級教練講習會，茲敦聘　台端為該講習會講師，檢附課程表乙份，屆時請準時前往授課為荷。

理事長　張肇平

通訊地址：台北市朱崙街二十號608室
傳真：(○二)二七八八三九○
電話：(○二)二七五八七三二一-三

上課情況

156

太極跤①　太極防身術

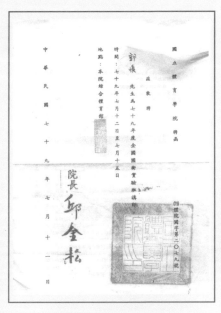

國立體育學院　聘函

健美　國家級教練證

2003年北京・延慶中國式摔跤
國際邀請賽　裁判證

角力　國家級教練證

舉重　國家級教練證

中華民國玄牝太極健康導引學會

簡　介

　　玄牝太極健康導引學會（簡稱玄牝太極學會）成立於民國九十三年一月，這是一個由一群在各種武術均有所專長以及對於中國武術文化懷抱著一股熱忱的人所組成的新團體。透過多樣化的推廣活動，玄牝太極學會致力於將中國傳統功法介紹給大家，包括：太極拳、八段錦、易筋經、易骨經、洗髓經與五禽戲等等，在學習這些功法的過程中，我們期待每一個人都可以因此而建立正確積極的健康觀念，並進而改善自己的身心狀況、提升每一天的生活品質。

　　許多人好奇爲什麼取名「玄牝」？這兩個字到底又是什麼意思呢？「玄牝」一詞出於老子道德經第六章：「谷神不死，是謂玄牝。玄牝之門，是謂天地根。綿綿若存，用之不勤。」，代表著大地之間萬物陰陽相生、生生不息，一方面我們希望學會的推廣活動可以如同太極陰陽相生般地生生不息、長長久久，另一方面也以這樣精神來作爲我們教學推廣的理念，期望可以引導出每一個人身體裡的太極小宇宙，讓每一個人的身心健康也一樣可以生生不息、長長久久！

　　我們希望用這個理念來做爲學會的方向，在各個會員的身體裡帶出來自己的小宇宙。進而大家也可以去影響你四周的人，使他們知道運動的重要性！（活動即是 " 要活就要動 "）

學會宗旨

　　培養每個人運動的好習慣，再加強練武強身的觀念使之成爲文武兼修，有品德、有武德的人。

教學項目

　　太極拳、國術、武術、散打、摔跤、柔道、八極拳、八卦掌、六合螳螂、養生氣功、瑜伽、強力瑜伽、提拉彼斯、八段錦、易筋經、五禽戲……等等，能增進健康的運動。

邱志瑤理事長簡介

聯合國大學 IOU 武術碩士

文化大學國術系

德育護專（經國技術學院）食品營養科

國術、武術、太極拳、摔跤、民俗運動國家級教練與國家級裁判

　　會址：台北市北投區中和街 47 號 3F

TEL：2897-8883

　Fax：5586-9229

參考文獻

一、太極拳圖解　太極拳總會編印　76年9月。

二、太極拳拳術　李英昂著。

三、拳術精華　沈秋和著。

四、摔角術　常東昇著　警官學校印行　58年9月15日。

五、擒拿術　潘文斗著　憲兵學校印行　58年10月1日。

六、趙堡太極圖譜　宋蘊華著　1990年9月15日。

七、中國太極拳與防用法　陳占奎著　中國人民出版社印行　1996年10月6日。

八、太極拳散手影帶　陳修兆　李靖示範　傳神視聽有限公司出品。

九、中國武術實用大全　台灣五州出版公司印行　1998年5月。

十、東方格鬥大觀　梁敏滔著　台灣五洲出版公司印行　1999年7月。

十一、摔角技法與摔角史料　周士彬　聶宜新著　學林出版社印行　2001年6月（上海）

十二、中華民族武藝－－中國摔角術之研究　復興崗學院　73年7月。

太極跤①

太極防身術

大展好書　好書大展
品嘗好書　冠群可期

大展好書　好書大展
品嘗好書　冠群可期